LEXIQUE

LEXIQUE

DES MOTS OUBLIÉS, SOIT DANS LES DICTIONNAIRES DE WILSON, BOPP, BÖTHLINGK

ET ROTH, SOIT DANS L'AMARA-KOSHA,

ET QU'ON TROUVE EMPLOYÉS DANS LE ÇIÇOUPALA-BADHA.

« The vocabulary of Amara-Singha is sufficient for explaining almost all the words in Kâlidâsa's works, — Whilst to understand the poems of Mâgha, a contemporary of the Bhôja of the 11th century, the assistance of a number of vocabularies is required (1). »
(*Bhâo Dâjî*, Esq.)

अ

आक्षिरवस्, nom substantif masculin ; pluriel : अक्षिरवसस्; *un serpent.* RR. अक्षि, *œil*, et श्रवस्, *oreille*, c'est-à-dire, *la bête, qui a des yeux pour oreilles.*

अङ्भु, subst. masc., *un fils.*

.... ददर्शावतरन्तमम्बरा
द्विरएयगर्भाङ्गभुवं मुनिं हरिः ॥
(T. Ier, ch. 1er, st. 1re.)

---

(1) Le vocabulaire d'Amara-Singha est suffisant pour expliquer à peu près tous les mots dans les ouvrages de Kâlidâça, — tandis que l'intelligence des poèmes de Mâgha, contemporain du Bhôja, qui vivait dans le onzième siècle, exige le secours de plusieurs Dictionnaires.

अघटे, *il ne sied pas;* littéralement : *il ne va pas,* c'est-à-dire, *il ne convient pas.* RR. अ privatif, joint à la 3ᵉ personne du verbe घट्, employé au présent de l'indicatif. (T. II, ch. 15, st. 33.)

अधितल्प, subst. masc., *un lit, pour se coucher dessus,* malgré le sentiment du scholiaste.

यत्रातपे दातुमिवाधितल्पं

विस्तारयामास तरङ्गहस्तैः ॥

(T. Iᵉʳ, ch. 3, st. 39.)

Il s'agit ici de la *mer,* sujet ou nominatif du verbe.

अधिरूह्, adjectif, *qui est monté sur...,* sens de अधिरूठ.

बलगङ्करीयः स्तनकम्प्रकञ्चुकं

ययुस्तुरङ्गाधिरूह्हो ज्वरोधिकाः ॥

(T. II, ch. 12, st. 20.)

अधिरोह्, subst. masc., *un cavalier; celui, qui monte, soit un cheval, soit un éléphant.*

(T. II, ch. 11, st. 7.)

अनवनी, subst. fém., *non-protectrice,* c'est-à-dire, par euphémisme, *destructrice.*

(T. Iᵉʳ, ch. 6, st. 37.)

अनातुः, génitif d'un subst. masc. en ऋ, अनातृ, *qui n'obtient pas,* « *non obtentor,* » ce qui suppose le simple आतृ, *obtentor.*

निशामस्य तद्‌द्रिर्गितं शिने
वचनन्नतुरनातुरेनसाम् ॥
(T. II, ch. 16, st. 38.)

अनुतर्ष, subst. masc., *vin*, *liqueur vineuse* ou *spiritueuse*. अनुतर्षत्यनेन, dit le scholiaste : *il sert à étancher la soif;* c'est pour cela qu'on appelle le vin अनुतर्ष.
(T. Ier, ch. 10, st. 2.)

अनुनाधिका, subst. fém., *conciliatrice, femme, qui apaise, qui fléchit*. Böhtlingk et Roth donnent à ce mot la signification de : *une héroïne de second rang*. C'est dans une tout autre acception que le mot अनुनाधिका est employé par l'auteur du *Çiçoupâla-badha*.

रृतियतिप्रह्रितेव कृतक्रुध:
प्रियतमेषु बधूरनुनायिका ॥
(T. Ier, ch. 6, st. 7.)

अनुशी, verbe déponent, *se coucher le long d'une chose*, et, figurément, *avoir regret d'une chose*, composé et signification, que n'ont pas les Dictionnaires.

दत्तमिष्टमपि नान्वशेत स:
(T. II, ch. 14 , st. 45.)

अनसन्तति, *tel qu'une ligne continue*. Voyez au mot अभिहूति.

अवनम्र, adjectif, *courbé en bas*. Le simple नम्र, *courbé*, existe au Dictionnaire de Wilson, mais non ce composé de la préposition अव. (T. II, ch. 17, st. 65.)

अवनीध्र, subst. masc., même signification que धरनीधर,
भूमिभृत्, etc., une *montagne*. RR. अवनी, la *terre*, et धृ, *porter*.
(T. II, ch. 16, st. 78.)

अव्हानि, substantif féminin ou féminin d'un adjectif, *sans peur,
intrépide, qui n'a pas de crainte*. अव्हानि, dit le scholiaste, अभया.
(T. II, ch. 19, st. 40.)

अविकल्त, adjectif, *s'accordant, qui s'accorde avec ;* car le commentaire explique ce mot par अविसंवादी, composé, que les Dictionnaires ne donnent pas, mais seulement संवाद, « *assent, con-
currence, correspondence, sameness,* » dit Wilson ; avec le suffixe
इनि, *qui a ces qualités ;* avec वि préfixe, *qui ne les a pas*, et avec
अ privatif, *qui n'est pas ne les ayant point*, c'est-à-dire, qui les
possède, et, par conséquent, *qui s'accorde avec.*

गतमनुगतवीणैरेकतां वेणुनादैः
कलमविकल्तालं गायकैबोधहेतोः ॥
(T. II, ch. 11, st. 10.)

अवीवृध, subst. masc. ou neutre, *augmentation de fortune,
richesse ;* वृड्ड, suivant l'explication du commentaire.

स्वापतेयमधिगम्य धर्म्मतः
पर्य्यपात्तयमवीवृधच्च यत.....
(T. II, ch. 14 , st. 9.)

अवयोध, subst. masc., *un ennemi :* द्विष्, dit le scholiaste, शत्रु.

श्रयरथा, *autrement,* श्रन्यथा, dit le scholiaste, T. Ier, ch. 9, st. 67, mais à la page 287, où le commentateur explique ce même adverbe par प्रकारन्तरेण, nous l'avons considéré, nous, comme provenant d'un श्र privatif, joint à यरथा, et traduit en conséquence par *non d'une autre manière,* et partant : *ainsi.*

श्रयरान्त, subst. masc., *pied de derrière;* श्रयरान्तेन, dit le scholiaste, पश्चिमपादेन. (T. II, ch. 11, st. 7.)

श्रयसारं, subst. neutre dans le poème : श्रयसारन् मह्तीयः, *une très-grande sortie.* Le Dictionnaire de Wilson donne ce mot comme masculin seulement. (T. II, ch. 18, st. 40.)

श्रयूर, subst. masc., synonyme de प्रवाह्त, le cours d'un ruisseau, le courant d'une eau, d'un liquide.

स्वेदापूरोयुवतिसरितां व्याय गणडस्थालानि ॥
(T. Ier, ch. 7, st. 78.)

श्रभिदूति pour श्रभि दूतीं, *à la messagère.* (T. Ier, p. 434.) C'est une locution fort usitée dans le *Çiçoupâla-badha,* que de mettre une préposition avant un nom substantif à la forme non déclinée et d'en faire une sorte d'adverbe, comme on le voit ici et comme on le voit dans les exemples suivants : श्रभितिग्मरश्मि, *en face du soleil,* T. Ier, p. 408 ; श्रभिभर्तं, *en présence d'un époux,* p. 446 ; श्रभिशौरि, *contre Çâauri,* c'est-à-dire, Krishna, T. II, p. 445 ; श्रधिवेश्म, *dans la* ou *dans les maisons,* T. Ier, p. 446 ; श्रधियुरन्ध्र, *dans* ou *chez les femmes,* p. 282 ; श्रधिरत्नि, *dans*

la nuit, T. II, p. 34 ; उपालि, *près d'une compagne, d'une amie,*
T. Ier, p. 468 ; उपसपत्नि, *près d'une rivale, près d'une co-épouse,*
p. 479 ; प्रतिरिपु, *contre l'ennemi, à l'encontre de l'ennemi,* T. II,
p. 323.

अब्भुंलिह्, adjectif, *qui lèche les nuages,* c'est-à-dire, उच्चतर,
suivant le scholiaste, *très-haut :* अब्भुंलिह्वानि नवपल्लवानि, *de
jeunes branches, qui lèchent les nuages,* pour dire, *très-élevées.* (T. I,
ch. 5, st. 65.)

अभिधात्, subst. masc., *dictor, expositor, narrator.*

अभिधातरीतइतइत्यथो नृपे ॥
(T. II, ch. 13, st. 62.)

अमान्, dont les racines sont évidemment अ privatif et मा, *mesurer,*
c'est-à-dire, *qui est sans mesure.* Le commentateur en donne cette
explication dans le passage, où se trouve le mot अमान् : *étant d'une·
expansion, que la ville, pour ainsi dire, ne pouvait plus contenir par
l'augmentation de son corps, née ou venue de la joie.*

प्रमदाद्मानिव पुरे मह्वीयसि
....निर्ययौ ॥
(T. II, ch. 13, st. 2.)

अयुगसत्तिप, subst. masc., *le soleil ;* radicalement : *celui, qui a des
chevaux en nombre impair.*

अलिनी, subst. fém., une *abeille épouse* ou *femelle,* opposé à
अलि, subst. masc., qui est l'abeille époux ou mâle.

अल्लिना रमतालिनी शिल्लीन्ध्रे
सह सायन्तनद्वीपपाठ लोभ ॥
(T. Ier, ch. 6, st. 72.)

आह्निमरूचि, subst. masc., *le soleil*, c'est-à-dire, *l'astre aux rayons chauds.*

आ.

आभाड्, subst. fém., signification du simple भाड्, *veneratio, cultus* (Bopp); lequel simple, comme nom substantif, manque lui-même au Dictionnaire de Wilson; mais nous avons traduit आभाज्ति आभाज्ति par *in veneratione veneratus est*, forme hébraïque, inconnue au sanscrit; et, suivant le scholiaste, qui nous semble maintenant avoir mieux saisi le sens, il signifie *brisement, rupture, action de casser,* आमर्दन, dit le commentaire, employant un mot très-intelligible, mais qu'on ne trouve pas davantage dans tous nos Dictionnaires.

La phrase corrigée signifie donc : « L'arbre, qu'un éléphant des bois avait parfumé de son mada, un éléphant des armées ne lui faisait pas seulement l'honneur de le briser, quelque honorable qu'il fût.... »

आमन्. Ni Wilson, ni Bopp, ni Westergaard ne donnent le verbe मन् comme se composant avec la préposition आ. Le scholiaste explique ici, ch. XIV, st. 60, आमनन्ति par कथयन्ति, *ils racontent,* mais le sens nous semble être plutôt : *ils estiment que.*

श्रामनन्ति यमुपास्यमाद्रा
दूरवर्त्तिनमतीव योगिन: ॥
(T. II, ch. 14, st. 60.)

आल्पयनं, subst. neutre, *conversation*, *entretien*, pour आल्लापनं des Dictionnaires.

गतधृतिरवलम्बितुं वतासू
ननल्लमनाल्लपनाद्ऋह भवत्या: ॥
(T. Iᵉʳ, ch. 7, st. 10.)

श्राह्ति, subst. fém., *battement*, *l'action de battre*, श्रास्फाल्लनं, suivant le scholiaste.

कराह्लतिध्वनित.....
(T. II, ch. 17, st. 2.)

उचित, subst. masc., un *amant*, un *bien-aimé*, प्रियतम, dit le commentaire. (T. Iᵉʳ, ch. 10, st. 81.)

उच्छूसत्, part. présent, mis seulement ici pour la signification de *s'épanouissant*, *épanoui*, que ne donnent pas les Dictionnaires.

उच्छूसत्कमल्ल..... उच्छूसद्धि: वल्लाशे:
(T. Iᵉʳ, p. 486, st. 58, et T. II, p. 11, st. 15.)

उड्ति, subst. fém., *élévation*, *l'action d'élever*, *de soulever*. Böhtlingk et Roth ne donnent à ce mot que ces trois sens: *action de retirer*, comme une flèche de sa blessure; *sortie*, *délivrance*.

उड्थौ भवति कस्य वा भवु:
श्रीवराह्मपह्लाय योग्यता ॥

« Qui est capable, si ce n'est Vishnou, de sauver la terre en la soulevant? »

(T. II, ch. 14, st. 14.)

उपग, adjectif, *qui va dessous, qui se met dessous une autre personne ou une autre chose.* On trouve aux Dictionnaires le simple ग, *qui va*, mais non ce composé. (T. II, ch. 16, st. 68.)

उपन्यसनं, subst. neutre, *instruction, avis, exemple.* (T. II, ch. 16, st. 51.)

उपकूति, subst. fém., 1° *appel, convocation, rassemblement;* 2o *défi, provocation.*

अवलोकनाय सुरविद्विषान्द्वष :
पय्हृप्रणाद्विन्हितोपकूतय : ॥

(T. II, ch. 13, st. 30.)

ध्वज्ञांशुकध्रुवमनुकूलमारुत
प्रसारितै : प्रसभकत्तोपकूतय: ॥

(*Ib.*, ch. 17, st. 49.)

उष्णरुच्, subst. masc., *le soleil;* synonyme de उष्णांशु, que donnent tous les Dictionnaires; c'est-à-dire, celui-ci: *qui a des rayons chauds;* celui-là: *l'astre, dont la lumière fait naître la chaleur.*

ए.

ऐभ, adjectif, *elephantinus, a, um, qui est d'éléphant, qui tient, qui appartient à l'éléphant*. R. इभ, *éléphant*.

कूम्मौंपम्यं व्यक्तमन्तर्नदीना
मैभा: प्रापन्नज्रयो ऽसुङ्ख्ययीणाम् ॥

(T. II, ch. 18, st. 71.)

औ.

और्वर, adjectif, *terrestre, qui est de la terre, qui appartient à la terre*. Il est dérivé de उर्व्वरा, *la terre* en général, comme en latin *terrestris* de *terra*.

किमपैति रजोभिरौर्वरे
रवकीर्षस्य मर्णमह्राघेता ॥

(T. II, ch. 16, st. 27.)

औपनीविक, adjectif, *qui est placé dessous* ou *près de la* नीवि, *espèce de ceinture* pour retenir le vêtement inférieur, उपनीवि, dit le scholiaste, नीविसमीपे. (T. Ier, ch. 10, st. 60.)

क.

कत्थ (विकत्थ), *se glorifier*, conjugué suivant le thème de la 10e classe, tandis que les Dictionnaires l'indiquent seulement comme étant de la première ; et Westergaard comme exigeant à l'instrumental la chose, de laquelle on se glorifie : GLORIARI, dit-il, *cum instrumentali, de re aliquá* : विधया विकन्थसे. Cependant विकत्थ régit cette chose à l'accusattif dans l'exemple suivant :

नादितालूपमथ न व्यकत्थयत्

(T. II, ch. 14, st. 45.)

कश, subst. masc., *une rêne, une bride*, वल्गा, dit le commentaire. Wilson n'a que le substantif féminin कशा, *fouet*, auquel Böhtlingk et Roth ajoutent la signification de *corde*, qui semble vouloir se rapprocher du sens, où ce mot est employé dans le poëme de Mâgha : व्रवतां व्रज्ञाः

निम्नानि दूःखाद्वतीर्य्य साद्दिभिः
सयत्नमाकृष्टकशाः शनैः शनैः ॥

(T. II, ch. 12, st. 31.)

काञ्चिधामं, subst. neutre, sens de ज्ञघनं, *mons Veneris*, dit le commentaire. (T. Ier, p. 500.)

काबन्ध, इ, ञं, adjectif, *qui appartient à un tronc, qui est du tronc, du corps sans tête*, R. कबन्ध. (T. II, ch. 19, st. 51.)

कुचोष्मन्, subst. masc., un pectoral, une partie d'habillement, que les femmes portaient en hiver devant les seins. RR : कुच, *papille du sein*, et उष्मन्, *chaleur*.

शिशिरमासमपास्य गुणो ऽस्य नः
कइव शीतह्रस्य कुचोष्मणः ॥

(T. I, ch. 6, st. 65.)

क्षपाकृत्, subst. masc., synonyme de क्षपाकर, *Lunus, la lune*,
(T. II, ch. 13, st. 53.)

गलता, subst. fém., *écoulement*, à proprement parler, *de pleurs*.

सव्यः प्रसह्य द्वितयेन नेत्रयोः
प्रत्याचचक्षे गलता भयस्त्रिया:
(T. II, ch. 15, st. 95.)

घ.

घर्मभानु, subst. masc., *le soleil*.

च.

चुचुर, subst. masc., dont le commentaire ne donne pas l'explication; mais qui semble une onomatopée du bruit, que fait avec ses
dents le cheval, qui mange son fourrage.

ग्रीवाग्रलोलकलकिङ्किणिकानिनाद
मिश्रं दधद्दशनचुचुरशब्दमश्वः
(T. Iᵉʳ, ch. 5, st. 58.)

च्युत्, adjectif verbal, *qui est stillant de…*, *dégouttant de…*,
मदच्युत् इरद्, *un éléphant, dégouttant de mada*. Les Dictionnaires
donnent bien च्युत avec le sens passif, mais non च्युत्, qui a le
sens actif. (T. II, ch. 15, st. 77.)

नश्च्युत्, verbe neutre, *sortir*. RR. निस्, *ex*, च्युत्, *stillare*

ड.

तुह्वन् ou **तुह्वान्**, subst. masc., synonyme de **तुन्द्**, *un vase de bois à l'usage des sacrifices.*

तद्तुषस्व तुह्वानि चानत्ते ॥
(T. II, ch. 14, st. 9.)

त.

तनिका, subst. fém., *une corde*, « पट्टमएउपर तुतुष व्यतिषङ्गं भज्ञन्ति, » *ils* (*les chevaux*) *s'en vont, attachés aux cordes des tentes,* dit le commentaire, expliquant le composé वितानतनिकाव्यतिषङ्ग भाज्ञः. (T. Ier, ch. 5, st. 61.)

तन्मयत्वम्, subst. neutre, *identité*, *mémité*, comme disait Voltaire, *la condition de ne faire qu'un avec un autre*, proprement *avec lui*, ce que le scholiaste explique avec le mot ताद्रुम्यं.

स्पष्टमेव दृत्तत: प्रतिनाय्या
स्तन्मयत्वमभवद्ध्इद्यस्य ॥
(T. Ier, ch. 10, st. 46.)

तरां, *multopere*, dans le Çiçoupâla-badha, est joint assez souvent à la fin des verbes pour en augmenter le sens, comme dans अभवत्तरां, दद्शीतरां, क्रियतेतरां, etc., observation, qui peut-être n'est pas superflue dans le silence des Lexiques.

तल्पल्ल, subst. masc., *épine du dos, échine*, पृष्ठवंश, dit le commentaire. (T. II, ch. 18, st. 6.)

तीक्ष्णमार्ग्ग, une *épée*, un *cimeterre*, périphrase dans un mot composé, *l'arme, dont la route est acérée,* खड्ग, dit le commentaire. (T. II, ch. 18, st. 10.)

तिग्मद्युति, subs. masc., *le soleil.*

तालिन्, adjectif, pluriel : तालिनः, *qui se tient sur, qui est posé sur.* R. तल्, 10e classe, *condere,* etc. « to fix. »

.... प्रसवेन पुरोह्रस
त्सयद्धि कन्दलता दलतालिनः ॥
(T. Ier, ch. 6, st. 66.)

त्रिमार्ग्गा, subst. fém., radicalement : *qui va par trois routes,* synonyme de त्रिपथगा, *la Gangá, le Gange.* (T. II, ch. 12, st. 23.)

त्वक्क, une *armure.* सान्द्रत्वक्का, dit le commentaire, सान्द्रवर्म्माणः R. त्वच्, *couvrir.* (T. II, ch. 18, st. 6.)

द्.

दंश्, verbe actif de la 10e classe, *armer :* c'est probablement le dénominatif de दंश, *une cuirasse.*

ब्रदंशयन्नरह्हितशौर्य्यदंशना
स्तनूरयन्नयदिति वृष्णिभूभृतः ॥
(T. II, ch. 17, st. 21.)

दल्लदामन् et दल्लदामा, subst. neutre et féminin, *une guirlande:* माला, dit le commentaire, *sertum floreum.* RR. दल्ल, *feuille,* et दामन्, *corde* ou *lien.*

प्रविवत्सतः प्रियतमस्य
निगडमिव चद्रुरादिापत् ।
नीलनलिनदलदामरुचि
प्रतिपाद्युग्ममचिरोठसुन्दरी ॥

(T. II, ch. 15e, st. 86.)

ध.

धूननं, subst. neutre, *agitation, tremblement.*

स्कन्धधूननविसारिकेशर ॥
(T. II, ch. 14e, st. 71.)

न.

नमन, subst. masc., *courbeur; celui qui fait courber.* Le commentaire explique ce mot par नमयित्, nominatif: नमयिता, qui manque également à nos trois Dictionnaires et à l'Amara-Kosha.

नमयति स्म वनानि मनस्विनी
ननमनोनमनोघनमारुतः ॥
(T. Ier, ch. 6e, st. 30.)

निर्भत्सितं, ता, तं, part. passé d'un verbe nominal composé :

à qui la cendre est enlevée ou *qui n'est plus couleur de cendre.* RR.
निः, qui est négatif ou privatif en composition, et भस्म, *cendre.*

गाङ्गौघनिर्भस्मितशम्भुकन्धरा
सवर्षमर्षः कथमन्यथास्य तत् ॥

(T. II, ch. 12ᵉ, st. 69.)

निपीड, subst. masc., *forte, considérable, violente oppression,*
नितरां पीडनं, suivant l'explication du scholiaste.

...... अङ्गनाः प्रियैः
पीनकुचतयनिपीडदत्त
हरवारवाणमुरसा लिलिङ्गिरे ॥

(T. II, ch. 15ᵉ, st. 84.)

प.

पद्मल्ल, subst. neutre, *poil;* au pluriel : पद्मल्लानि.

त्वक्सारुरन्ध्रपरिपूरणलब्धगीति
रस्मिन्नसौ मृदितपद्मल्लरछकाङ्गः
— — — — — — — — वायुः ॥

(T. Iᵉʳ, ch. 4ᵉ, st. 61.)

पतङ्गकान्त, subst. masc., synonyme de सूर्य्यकान्त, non
inscrit aux Dictionnaires de l'Amara, Bopp et Wilson. RR. पतङ्ग,
le soleil, et कान्त, *une pierrerie.* (T. Iᵉʳ, ch. 4ᵉ, st. 16.)

पताका, subst. fém., *la hampe d'un étendard* ou *d'un drapeau.*
Il semble, d'après l'exemple suivant, que ce mot n'est employé comme

synonyme de केतन que par une métonymie de la partie pour le tout.

सम्माङ्गन्योन्यूनमुड्ढ्यमाना

भान्ति स्मोच्चौः केतनानाम्पताका: ॥

« Les hampes des enseignes brillaient en l'air comme des balais promenés à l'envers. »

(T. II, ch. 18ᵉ, st. 8.)

पताकिन्, un *porte-étendard :* au pluriel, पताकिनः ; mais, dans le poëme de Mâgha, il signifie de plus *un char*, auquel sont attachés des drapeaux : पताकिना रथा : dit le commentaire, faisant dériver du substantif पताकिन् le qualificatif पताकिन, ना, नं, *qui porte des* ou *qui est orné de drapeaux.* (T. II, ch. 13ᵉ, st. 4.)

परिवापिउमा, nominatif singulier masculin, *blancheur* et, conformément aux racines, *blancheur répandue tout à l'entour d'une chose, complète blancheur.* Le scholiaste interprète ce mot par धवलिमा, également inconnu au Dictionnaire de Wilson, ainsi qu'à l'*Amara-Kosha*, non au Dictionnaire de Böhtlingk et Roth. Les deux vocables sont les nominatifs des mots à la forme non-déclinée : परिवापिउमन् et धवलिमन्.

परिपूरिन्, adjectif, *comblant de dons, accomplissant les vœux :* भक्तवरदः, *propice à ceux qui le servent.* परिपूरयति कामैर्भक्तान्, dit le commentaire; *il comble de choses désirées ceux qui l'adorent.* T. II, ch. 19ᵉ, st. 94.)

परिमन्थर, adjectif, *très-lent.* Les Dictionnaires et l'Amara-kosha n'ont que le simple मन्थर, *tardus.*

प्रणेत्, substantif masculin ; instrumental : प्रणेत्रा, le *guide*, le *conducteur d'un char*, le *cocher.*

प्रतिनारी, substantif féminin, *une rivale.* (Voyez pour l'exemple au mot तन्मयत्वम्.)

प्रत्यशेष, adjectif, avec la signification du simple अशेष, *tout :* la préposition ne faisant, ce nous semble, qu'ajouter à la force de l'i-dée d'universalité. (T. II, chant 14e, st. 58.)

प्रतिमानना, substantif féminin, *hommage, marque de respect, adoration, culte ;* पूजा, dit le commentaire.

स्वर्शमशुचिवपुर्ह्रति न ।

प्रतिमाननान्तु नितरान्रुपोचिताम् ॥

(T. II, chant 15e, st. 35.

प्रतिश्रुति, substantif féminin, *écho.* Le Dictionnaire de Wilson ne donne que प्रतिश्रुत्, également féminin avec la même significa-tion.

मनस्विनामुदितगुरुप्रतिश्रुतिः ।

श्रुतस्तथा न निन्नमृदङ्गनिस्वनः ॥

(T. II, chant 17e, st. 42.)

प्रमाद, substantif masculin, qu'on ne trouve pas aux Diction-naires de Wilson et de Bopp, ni dans l'Amara-kosha, même significa-tion que le simple माद, *ivresse, enivrement.*

प्रमोक्, substantif masculin, ou प्रमोकं, substantif neutre, sens de प्रमोचनं, *libération, mise en liberté.*

सरसनखपदान्तर्दृष्टकेशप्रमोक ।
म्प्रणायिनि विद्धाने..... ॥

(T. II, ch. 11e, st. 54.)

प्रशम, adjectif, *sedatus, extinctus, occisus.*

(T. II, ch. 16e, st. 51.)

प्रसकल्न, adjectif, *tout, entier.* (T. Ier, ch. 7e, st. 34.)

ब

बङ्कल्लित, adjectif, *multiplié, nombreux :* बङ्कल्नीकृत, dit le scholiaste.

घनाम्बुभिर्बङ्कल्लितनिम्नगाजलै ।
ड्लन्न हि व्रजति विकारमम्बुधेः ॥

(T. II, ch. 17e, st. 18.)

बाह्रुबाह्रवि, substantif neutre, *combat à la seule force des bras;* बाह्रयुङं, suivant le commentaire. (T. II, ch. 18e, st. 12.)

म

मएडल्लिका, substantif féminin, *un cercle, une rangée en cercle autour d'une chose, entourage;* car le scholiaste explique ce mot par le synonyme परिधि. (T. Ier, ch. 5e, st. 52.)

मएडुक., par un उ bref, substantif masculin, *anse* ou *poignée d'un bouclier.* (T. II, ch. 18, st. 21.)

मधुपा, féminin d'un adjectif en ऋ, ऋा, ऋं, *qui boit* ou *qui a bu du vin* ou *des liqueurs.* Wilson nous donne, comme substantif masculin seulement, la signification d'*abeille*, suivant les racines मधु, *miel*, et प, *qui boit.* Le premier membre du composé a dans notre mot la signification *de vin* et *de liqueurs.*

व्रीडब्राड्यमभन्न्मधुपा सा

स्वाम्मद्रात्प्रकृतिमेति ह्नि सर्व्वः

(T. Ier. ch. 10e, st. 18.)

मधुभृन्, substantif masculin, *une abeille.* (T. Ier, p. 330.)

मनस्क ou मनस्कं, substantif masculin ou neutre, *l'esprit, l'âme, le cœur*, en tant que regardé comme le siége des sentiments; मनस्, मनांसि, dit le scholiaste. Wilson n'a simplement que l'adjectif मनस्कः, मनस्का, मनस्कं.

मुदितयुवमनस्कास्तुल्यमेव प्रदोषे

रुचमद्धुरुभव्यः....॥

(T. II, ch. 11, st. 27.)

Il s'agit des femmes et des fleurs.

मद्लं, substantif neutre, *flétrissement, état d'une chose, qui se flétrit.*

मद्ले यथागतमगाम कुलैरल्लीनाम् ॥

(T. Ier, ch. 5e, st. 43.)

मिमान, *faisant de l'orgeuil*, suivant cette explication du com- taire, मानं कुर्व्वान.

न्यधित मिमानइवावनिम्पद्रानि ॥

(T. Ier, ch. 7e, st. 13.)

मलिनिमा, substantif féminin, *la noirceur*. (T. Ier, ch. 6e, st. 4.)

मानना, substantif féminin : 1° *honneur, hommage*, पूजा ; 2° *meurtre, homicide, occision*, ह्ननं.

भवतोऽभिमना: समीक्ष्ते

सरूष: कर्त्तुमुपेत्य माननाम् ॥

Voyez la traduction de ces deux vers au chant seizième, stance 2.

मालिनी, féminin d'un adjectif मालिन् (माली, ⁻ ⁻ नी, ⁻ ⁻ लि), *gestans*, portant, *qui tient*. R. मल्, *tenere*.

युवतिषु कोमलमाल्यमालिनीषु ।

पद्मुपद्धिरे कुलान्यल्लीनां ॥

(T. Ier, ch. 7e, st. 61.)

पुर: पतत्पर बलरेणुमालिनी ।

मलत्तयद्दिशमभिधूमितामिव ॥

(T. II, ch. 17e, st. 41.)

मृगधर, substantif masculin, *la lune*.

मृधु:, employé, non comme adjectif, mais comme substantif mas- culin, *compassion, pitié*, suivant le commentateur, qui explique le mot par कृपा, द्या. Voyez, T. II, p. 213, st. 36, le passage, où le mot ne peut se rapporter adjectivement à मति:, qui est du genre

féminin , ni à कृष्ण, sujet ou nominatif sous-entendu, car le scholiaste,
expliquant ce mot, aurait dit au masculin : कृपनः, दयः, et non :
कृपा, दया, au féminin.

मुष्, substantif masculin ; génitif : मुषः ; instrumental : मुषा,
voleur, « raptor. »

मौग्धी, substantif féminin, *simplicité, naïveté, candeur*, au féminin en ी, tandis que Wilson nous donne seulement le nom substantif neutre en अं : मौग्धं. (T. II, ch. 12ᵉ, st. 39.)

र

रथी, subst. fém., un *char*.

कश्चित्सुखम्प्राप्तुमनाः सुसारथी
रथीं युयोजाविधुरां बधूमिव ॥

(T. II, ch. 12 , st. 8.)

रुणित, syncope, pour अरुणित, avec le même sens, *rougi*,
rendu de couleur rouge. (T. I, ch. 6, st. 32.)

रूढि, subst. fém., dans les significations duquel il faut ajouter
celle de *parure, ornement ;* car le commentateur et un sens très-
acceptable du contexte lui donnent celle de प्रसिद्धि, dont c'est la
signification nᵒ 2 dans le Dictionnaire de Wilson.

चक्रधरइति रथाङ्गमद्रः ।
सततम्बिभर्षि भुवनेषु रूढये ॥

(T. II, ch. 15, st. 26.)

रोधं, subst. neutre, *empêchement, obstacle mis à quelque chose*, synonyme oublié du mot रोधनं de Wilson.

पाणिग्रोधमविरोधितत्राङ्
म्मत्सनाश्च मधुरस्मितगर्भाः ॥

(T. Ier, ch. 10, st. 69.)

रोढृ, substantif masculin, un *guide*, un *cornac*, un *homme, qui, monté sur un éléphant, le conduit*. (T. II, ch. 18e, st. 56.)

रोह्णी, subst. fém., une *vache*, रोह्णी:, dit le commentaire, गा:.

.....रोह्णी......
चिरन्निदुध्यौ दुह्तः स गोदुह्: ॥

(T. II, ch. 12, st. 40.)

ल.

लब्धि, subst. masc. ou fém., *obtention, acquisition*, sens de लाभ, suivant le contexte et le scholiaste.

मधुसुरभिमुखाब्जगन्धलब्धे
रधिकमधित्वदनेन (1) मा नियाति ॥

(T. Ier, ch. 7, st. 41.)

(1) पट्टलेन मधुव्रतानाम्.

व.

वङ्घ् ou —ध्रं, inconnu à Wilson. L'Amara-kosha donne ce mot comme féminin, वङ्घी, une *courroie*. (T. II, p. 471.)

वदितृ, substantif masculin, un *diseur*, «*dictor*,» *un* homme, *qui dit*, वक्तृ, suivant le commentaire.

वदिता न लघीयसोऽयरः ।
स्वगुणन्तेन वदत्यसौ स्वयम् ॥

(T. II, ch. 16ᵉ, st. 31.)

वचस्विन्, adjectif (—स्वी, —स्विनी, —स्वि), *éloquent*, वाग्मिन्, dit le scholiaste.

उतीरिते वचसि वचस्विनाऽमुना ॥

(T. II, ch. 17ᵉ, st. 1.)

वचोह्र, *un messager ; un homme, chargé de porter des paroles*, वचह्री, dit le commentateur, c'est दूतः.

युनरूफितसाधवसोद्धबा
मभिधत्ते स्म वचोवचोह्रः ॥

(T. II, ch. 16, st. 38.)

ववलिरे, 3ᵉ personne du pluriel au parfait, *venerunt*, «*ils ou elles vinrent.*» Les Dictionnaires, ni même Westergaard, ne donnent cette signification au verbe वल् dans aucune de ses formes.

प्रणयिनः परिरब्धमथाङ्गना
ववलिरे वलिरेचितमध्यमा ॥

(T. Iᵉʳ, ch. 6ᵉ, st. 38.)

वा, conjonction dans le sens de *car, en effet, enim,* mise comme celle-ci après un mot.

बुधा वा ङ्कितमयरेण काममावि

व्कुर्ब्बीति स्वगुणमपत्रपः करएव ॥

(T. Ier, ch. 8e, st. 7.)

विदंश, substantif masculin, *un excitant, quelque chose, qui donne envie de boire;* même sens que celui du simple, composé avec la préposition उप. Voyez dans les Dictionnaires ce dernier mot उपदंश.

स्वादितः सक्टदिवासवरएव ।

प्रत्युत क्षणविदंशपदेऽभूत् ॥

(T. Ier, ch. 10e, st. 10.)

विउम्भिन्, adjectif, *imitant, qui imite.*

सन्ध्यांशुभिन्नघनकर्वुरितान्तरीत्त ।

लद्मीविउम्बि शिविरं शिवकीर्त्तनस्य ॥

(T. Ier, ch. 5e, st. 68.)

विपातता, substantif féminin, *hardiesse, audace;* वैयात्यं, dit le commentaire. (Voyez l'exemple au mot ब्रह्मानि.)

विभिदा, substantif féminin, *déchirement.* (T. II, p. 456.)

विरोधिता, substantif féminin, *rivalité, émulation,* स्पर्द्धा, comme dit le scholiaste.

‒ ‒ ‒ ‒ ‒ ‒ ‒ दुर्म्मंते

र्म्मतिमङ्क्स्सह का विरोधिता ॥

(T. II, ch. 16e, st. 26.)

विव, substantif féminin, épithète donnée à Wishnou, c'est-à-dire, *qui a pour monture un oiseau* ou *qui peut marcher, qui peut voyager sans l'oiseau Garouda.*

विना पत्तणिा वाति, गच्छतीति विव:
पत्तिवाह्ननइत्यर्थ:

, dit le commentateur.

(T. II, ch. 19e, st. 86.)

विशेषय, verbe nominal, dérivé de विशेष, *supériorité, excellence;* विशेषयति, *il surpasse, il excelle, il domine,* 3e personne du singulier de l'indicatif.

व्यानशे, 3e personne singulier de l'imparfait, que le scholiaste explique avec le mot व्याप, *il* ou *elle occupait*, répondant ainsi au doute de Westergaard, qui dit sur le verbe नश्: *Nescio an huc referendum est* नशत् (व्याप्तिकर्मानौ), *Amplecti?*

बङ्कुर्वद्धिर्वाप्य विकाशं
व्यानशे तनुरुह्हाएययपि ह्र्ष: ॥

(T. Ier, ch. 10e, st. 50.)

वियुवती:, *vides de....*, *séparées de....*, accusatif féminin pluriel, dont le commentaire donne cette explication: कोपाद्वियुज्ञाना:, *irá destitutas.* (T. Ier, ch. 6e, st. 62.)

व्योमग, substantif masculin, un *Dieu*, synonyme de व्योमचारिनं. (T. II, ch. 18e, st. 50.)

वैदग्धी, substantif féminin. Ce mot, outre les significations, qu'on trouve dans les Dictionnaires, a celle de शोभा, la *beauté*, qu'ils ne ne donnent pas. (T. Ier, ch. 4e, st. 26.)

वैदुम, ⁻⁻मा, ⁻⁻मं, adjectif, *coralinus, a, um*, « qui est de corail. » Rac. विदुम, le *corail*. (T. II, ch. 18e, st. 36.)

वैरायितार:, nominatif pluriel masculin, qui suppose un nominatif singulier : वैरायितृ, radicalement : *un être, qui fait l'inimitié, qui fait la guerre avec un autre*, ou plutôt *qui se met en guerre avec lui*. (T. Ier, ch. 2e, st. 115.)

श.

शासक, subst. masc., *dominateur, régent*. R. शास्, *regere*.
(T. II, ch. 14, st. 11.)

शासिन्, subst. masc., *imperans, dans jussa*.

उपसेद्विङ्गिरूपदेष्टृरीव ते
वर्वृते विनीतमविनीतशासिभिः ॥

(T. II, ch. 13, st. 24.)

c'est-à-dire, *superbè imperantes*, au lieu de *superbi imperatores*.

शूलपानि, subst. masc., un des noms donnés par les poètes à *Çiva*; radicalement : *celui, qui tient dans sa main un épieu à trois pointes, le trident*. (T. Ier, p. 212 et ailleurs.)

श्रवणपूरक, subst. masc,, proprement : *ce qui remplit l'oreille, une pendeloque, une girandole;* mais, dans le passage suivant, il est employé par Mâgha dans le sens de *collier :*

$$- \quad - \quad \text{-}समापतन्$$
वल्तयीकृतश्रवणपूरकाः स्त्रियः ॥
(T. II, ch. 13, st. 32.)

श्रावक, subst. masc., *un son lointain*, दूरध्वनिः, dit le scholiaste (T. II, p. 1ʳᵉ). Le mot श्रावक de Wilson a d'autres significations.

श्रीवत्तकिन्, subst. masc., *un cheval.* Wilson porte seulement श्रीवत्सकिन्, *a horse having a curt of hair on his breast.*

संवृति, subst. fém., *cache, cachette* (concealment, hiding). Wilson n'a que le simple वृति.
परितप्यतएव नोत्तमः ।
परितप्तोऽप्ययरः सुसंवृतिः.....
(T. II, ch. 16, st. 23.)

संशा, subst. fém., même signification que le substantif masculin संशय, *doute, incertitude.* (T. II, ch. 19, st. 14.)

सततग, subs. masc., *celui, qui va continuellement, qui ne s'arrête jamais, le vent;* सततगाः, *les vents.*
ववरयुकूह्दगुच्छसुगन्धयः
सततगास्ततगानगिरोऽल्लिभिः ॥
(T. Iᵉʳ ch. 6, st. 50.)

सन्धायिन्, *celui qui encoche une flèche,* सन्धत्ते यस् श्रसौ ,dit le scholiaste. (T. II, ch. 19, st. 97.)

सभ्यम्, *dans l'assemblée;* car le commentaire explique ce mot par le locatif सभायां. Donc सभ्यम् pour सभ्यां paraît venir d'un substantif féminin सभि.

सभ्यमभ्यधित शन्तनोः सुतः ॥

(T. II, ch. 14, st. 53.)

सम्भ्रमं, employé comme un nom substantif neutre, tandis que Wilson, Bopp et l'Amara-kosha le donnent comme masculin seulement.

चाए चाकृतकसम्भ्रममासां

काम्र्मणात्वमगमत्रमणेषु ॥

(T. Ier, ch. 10, st. 37.)

सक्षत्रतयम्, substantif neutre, une *agglomération de mille.*

सांयुगी, féminin d'un adjectif, dérivé du substantif संयुग, c'est-à-dire, *qui est dû, qui appartient à, qui est destiné pour un combat.*

न पुनः सांयुगीन्ताः स्म कुमारेर्ह्न्ति सस्मयाः ॥

(T. II, ch. 19, st. 17.)

सितकर, substantif masculin, *la lune;* radicalement, *l'astre aux blancs rayons.*

सुप्रातम्, syncope pour सुप्रभातं, *un beau matin.*

तव वरद करोतु सुप्रातमन्हामयन्नायकः॥

(T. II, ch. 11, st. 67.)

स्थलीरुह्, subst. masc., synonyme de अवनिरुह्, *un arbre.*

(T. Ier, p. 6.)

स्पष्ट, part. passé, mis seulement ici pour le sens de *éclos, épanoui,* qu'il n'a pas dans Wilson, Bopp et l'Amara-kosha ; car le scholiaste explique ce mot par विकसित.

स्पष्टबन्धूकसून

स्तवकरचितमेते शेखरम्बिभ्रतीव॥

(T. II, ch. 11e, st. 46.)

स्पृश्, adjectif, *touchant, qui touche,* « tangens. »

Je l'aurais cru une faute d'impression, échappée au correcteur, au lieu de स्पृश्; mais je trouve ce mot écrit de la même façon dans le commentaire, expliquant ces deux vers du texte :

गगनस्पृशाम्मणिरुचाञ्चयेन य

त्सदनान्युदस्मयत नाकिनामपि॥

(T. II, ch. 13e, st. 63.)

स्रुति, subst. fém., *écoulement, suintement, flux,* स्राव, suivant le commentaire.

कर्हृदयं सपदि सुधन्वनोनिद्रे

रनारतस्रुतिमिरधाव्यताम्बुभिः॥

(T. II, ch. 17e, st. 8.)

Voyez aussi le tome premier, page 250.

सन्धायिन्, adjectif, *qui encoche une flèche sur un arc*.
(T. II, p. 430.)

स्वानमा, *voluptate,* « par le plaisir ; » car le scholiaste explique ce mot avec l'instrumental सुस्वेन.
नात्र कान्तमुपगीतया तया
स्वानमा नमति काल्तिमाल्तया ॥
(T. Ier, ch. 4e, st. 57.)

स्विद्, génitif, स्विद्:, la *sueur.*
हिमक्षतावपि ताः स्म भृशस्विदो
युवतयः . . . . . . ॥
(T. Ier, ch. 6e, st. 61.)

ह्.

ह्निस्तु, substantif masculin, *la mort,* puisque le commentateur explique ce mot par हन्तु.
सतुह्निस्तु ह्निस्तु वियोगिनः ॥
(T. Ier, ch. 6e, st. 56.)

ह्निमधामं, substantif masculin, *la lune;* radicalement, *le palais* ou *l'habitation du froid.*

हृमरुचि, substantif masculin, *la lune;* c'est-à-dire, l'astre *à la froide lumière.*

5

SUPPLÉMENT

उपशोभं, subst. neutre, *décoration, embellissement, tout objet,
qui sert à décorer une ville dans une fête publique.*

पवनावधूतवसनान्तयैकया
विद्हितोपशोभमुपयाति माधवे
नगर व्यरोचत पताकेयव तत् ॥
(T. II, ch. 13e, st. 36.)

FIN.

PARIS. — IMP. W. REMQUET, GOUPY ET Cᵉ, RUE GARANCIÈRE, 5.